Wilhelm Bruners
Niemandsland. Gott

Wilhelm Bruners

Niemandsland. Gott

GEDICHTE UND MEDITATIONEN

Tyrolia-Verlag · Innsbruck-Wien

Gewidmet der LYRIS-Gruppe in Jerusalem
und meinen literarischen Freundinnen und
Freunden im deutschsprachigen Raum

Inhalt

Vorwort 8

Wege zu uns selbst 11
erstes lied 12
das auge des anderen 13
erinnerung an einen spaziergang 1943 . . . 14
aufatmen 15
unsere wohnungen 16
morgens im frühling 17
Hoher Geburtstag 18
das eine wort 20
auferstehung 21
pilgerweg 22
santiago I 24
santiago II 26
santiago III 28
der weg 30
alter 31

Wege im Niemandsland 33
lautlose eroberung 34
niemandsort 35
gottes weisung 36

Wer Gott sucht	37
verrückt nach gott	38
zwischenraum	39
Gottformel	40
Gottesschicksal	41
Gottes Hände	42
Zeitweise	43
geistliche übung I	44
geistliche übung II	45
wenn gott zu besuch kommt	46
gott ist einen schweißausbruch wert	47
tanzender gott	48
gottesfreundschaft	49
gottpsalm	50
Gespräch über Gott	52
Wege in der Nachfolge	55
sara und abraham	56
Der wahre Jakob	58
Engel	60
Mirjam	61
Mose	62
stammbaum	64
josef	66
maria	67
Unsterblich geliebt	68

levi 69
letztes abendmahl 70
Im Todesschrei 71
Frauen auf dem Weg zum Grab 72
ostern I 73
ostern II 74
ostern III 75
Die Toten 76
täglich aufstehen 77
paulus 78
Die Heiligen 80

Wege in der Kirche 83
Gottes Häuser 84
Am Eingang eines Klosters 85
stephansdom 86
Unter St. Peter 87
fußwaschung 88
Das ist ein Sonntag 89
Über die Kirche ein Gedicht zu schreiben . 90
feuersprache 92
das buch der bücher 93

Vorwort

Brennender Dornbusch (Ex 3,3)

*Er kennt nicht das Lied
im Windrausch der Blätter
Er weiß nichts von Vögeln
nistend in seinem Dürrgeäst*

*Kaum kann er sich halten
im Treibsand der Wüste
In den Gärten der Götter
hat er keinen Platz*

*Aber er gibt den Blick frei
auf das Licht das durch ihn
nur wenig gebrochen auf die
alleräußerste Frage fällt:*

Wer steckt dahinter

Wer steckt dahinter? Von dieser Frage sind die Gedichte bewegt, die vor Ihnen, liebe Leserin, lieber Leser, liegen. Sie wollen nicht mehr als das: die Frage wachhalten nach dem, der hinter allem – oder auch in allem – steckt. Und diese

Frage kann jeder Mensch angesichts der Rätselhaftigkeit der Welt stellen – unabhängig von seiner religiösen Einstellung. Sie ist dem Atheisten ebenso aufgegeben wie dem gottgläubigen Menschen. Einer meiner theologischen Lehrer brachte es einmal in dieses Wort: „Wir werden eine Ewigkeit in Gott hineingehen" (Josef Auer). Wir kommen nie mit dieser Weltwirklichkeit an ein Ende. Und schon gar nicht mit Gott und dem, was wir damit meinen. Denn alle Antworten, die wir finden oder auch er-finden, sind vorläufig. Auch und gerade die theologischen. Wir befinden uns immer am Rand des Irrtums und gehen doch weiter, seit Menschen das Wort Gott in den Mund nehmen, zu ihm beten, ihn verherrlichen, verfluchen, ihn bestreiten, sich hin- oder abwenden von ihm. Auch die vorliegende Lyrik ist eine Wegstation. Die Gedichte laden Sie ein, sich Ihres eigenen Weges und Standortes im „Niemandsland. Gott" bewusst zu werden.

Und wenn der eine oder andere Text Sie eine kleinere oder größere Wegstrecke lang begleitet, dann möge er Ihren Blick auf die alleräußerste Horizontfrage weiter schärfen:

Wer steckt dahinter?

Wege zu uns selbst

erstes lied

die sonne lege ich
auf dein gesicht
mein kind

am morgen

am abend
die sterne und den mond
und dazwischen
mein lächeln

ich weiß
dass sie dich
nicht bewahren
vor stimmen
die verletzen

aber meine liebe
soll das erste lied sein
das du hörst
mein kind

das auge des anderen

Wo sich die Augen treffen
entstehst du
(Hilde Domin)

nirgendwo bist du mehr
als im auge des anderen
nur er kennt dein gesicht
du wirst es nie sehen
ohne das auge des anderen
spiegel deiner würde

nirgendwo bist du größer
als im barmherzigen blick
deines nächsten

erinnerung an einen spaziergang 1943

ich war drei
und konnte schritt halten
neben seinen langen beinen

mit väterlich breiten füßen
wirbelte er blätter hoch
die wie sterntaler
auf mich herabregneten

er vergaß neben dem kind
dass blutroter herbst war
in dem anderenorts

die städte brannten

aufatmen

aufatmen
kannst du nur
mit dem rücken
zum sturm

lehn dich
gegen den wind
und bete dich frei
von deiner not

du verrätst
die wahrheit nicht
wenn du
ihre worte
einer prüfung
unterziehst

unsere wohnungen

was sie sind:
inseln
auf denen unsere kleider
        trocknen
während wir traumwärts
in die nacht segeln

gehäuse
in denen uns niemand zwingt
fenster zu putzen
nach dem letzten regen

heilige orte
auf die sich manchmal
eine leiter vom himmel
        senkt

morgens im frühling

auf meinem weg zum briefkasten
um die zeitung zu holen
pfeift mir eine amsel
allen schlaf aus
noch müden gliedern

an diesem morgen
ist meine hoffnung
größer als die angst
vor einer gewalttätigen
      zukunft

Hoher Geburtstag

Das wäre möglich
die Jahre zu zählen
und sich zu fragen
wie war das damals

Aber es ist längst nicht so weit

Tritt vor die Türe
atme den Morgen tief ein
Jeder Tag ist es wert
begrüßt zu werden
mit einer Melodie
aus Kindertagen

Klar

Die Illusionen
haben uns verlassen
verrottete Träume
haben wir entsorgt
Aber in den Enkeln
ruft die Stimme

Komm!

Erzähl mir
eine Guten-Tag-Geschichte
oder lass mit mir
einen Drachen steigen
der die kalten Nebel frisst

das eine wort

zur silberhochzeit

wir haben uns noch lange nicht alles gesagt
was zu sagen wäre

ob die kraft reicht
leben gemeinsam weiterzutragen
ob die füße frei genug
neue räume zu erkunden
ob die vision weit genug
mauern zu überspringen
ob die offenheit groß genug
fremdes aufzunehmen
ob die wachsamkeit hell genug
aller dunkelenge abzusagen
ob das herz frei genug
gott in allem zu loben
ob die hand bereit genug
brot miteinander zu teilen
        den becher zu reichen

noch lange ist nicht alles gesagt
aber es reicht von tag zu tag das eine wort
        ich liebe dich

auferstehung

manchmal triffst du einen auge in auge
der dich nicht liegen lässt

wenn er ruft
steh auf

kannst du nicht anders
du stehst auf

auch wenn du liegen bleiben willst
müde und tot

seine stimme geht dir unter die haut
lässt dich tanzen
hebt dich in die luft

auch wenn du fliehen willst
voll angst und furcht
seine nähe gibt dir vertrauen

lauf
wenn du ihn triffst

du läufst ihm mitten in die arme

pilgerweg

nach der wanderung absitzen auf der bettkante
der rücken wieder frei
die füße brennen
die blasen sind größer geworden
wasserbeulen wie polster
zu viel drauflos gegangen
ohne rücksicht auf die schmerzsprache
jetzt nicht an morgen denken
an weitergehen
einfach nur den kopf in die kissen
und die beine hoch
durch das offene fenster
den himmel beobachten
der sich bewölkt
und sich erwischen bei dem wunsch
nach blitz und donner und hagel
jedenfalls nach einem grund
nicht wieder aufstehen zu müssen
und einem vorsatz nachzulaufen

doch die morgensonne verbrennt alle ausreden
und treibt erneut auf den weg
der endlos vorausläuft

die sehnsucht nach bächen
und weichen waldwegen wächst

aber keiner der wünsche geht in erfüllung
nur die schatten unter den augen werden größer

santiago I

matamoros (maurentöter)

es stimmt. im anfang ist kampf
du betrittst den weg
nicht mit lorbeeren und erhobenen augen
im schlamm suchst du halt
für den abgleitenden fuß
die leuchtfeuer der bildbände
sind bald erloschen
die kerzen wortreicher begeisterung

über dein gesicht läuft lehmiger schweiß
mühsam eratmeter höhen
deine finger zählen die perlen
die gebetshand hängt
verkrampft im leder der stöcke
du springst über keinen schatten
das tier tritt lautlos an dich heran
redet von umkehr
von leisem abschied
es flüstert dir zu als sei's gottes stimme
die einzig vernünftige
im all verschwimmender zeichen

selbst mond und sterne
legen sich schwer auf deine lider
leuchten wie totenlichter
und keine ruhe
vor den schlafgeräuschen
der anderen

es ist die zeit der modernden träume
des heimlichen verrats
zwischen pamplona und burgos

santiago II
peregrino (pilger)

durchschwiegenes wandern
tagelang. dörferlang
die wörter erholen sich
vom zuviel. von veräußertem
auch die gebete beginnen ein neues leben
befreien sich aus ihrer gefangenschaft

der fuß sucht nicht mehr das ziel
betritt einzig den boden. ob steinig
oder weich. umgeht jede schnecke
grüßt jeden mauersegler. wird selbst weg
sein echo reicht bis ins mark
du erkennst die spuren
weißt dich im lauf vorgängiger narren
von osten nach westen. von süden nach norden
grenzgängig. blindlings
ob du ankommst oder nicht:
du trinkst aus den dargereichten quellen
sie haben auf deine muschel gewartet
ihre wasser schmecken nach heute
tief verbunden mit der erdachse
mit eingesammelten erfahrungen

dein pulsschlag hat sein zuhause
einzig in dir

nur in leon entsprang er mir
für ein paar stunden

in glasbunten fenstern
fand ich ihn wieder

santiago III

apóstol (apostel)

von hinten umarmt
wehrlos gegen hilflose hände
breitschultrig für die last der vielen
in sein gesicht hat der ewige
sein zelt aufgeschlagen
offen für die gebete der fußmüden
für die dankbaren. erschöpften
sein ohr hört sie mit unbewegter miene
als kenne er sie schon seit langem
(keineswegs unmöglich in diesem alter)

jetzt wäre der augenblick
die grenze zu überschreiten
das haus der pilger zu verlassen
und in den kreislauf
ewiger bewunderer einzutreten
lächelnd ins licht tausendfacher kerzen
löschend alle inneren brände

jetzt wäre die zeit

aber der apostel reicht dir
segnend deinen pilgerstab
den du erleichtert an einer
säule abgestellt wähntest
er heißt dich umkehren
in eine welt die dich fragt
wie viele kilometer du gewandert
wie viele tage du gebraucht
wie schwer dein rucksack
den du getragen

ein paar zahlen
die du in einer hand
zusammenschreiben kannst

        dahinter aber verbirg die leere
        in der du sechs wochen gelebt
        wie in einem alten haus
        durch dessen offene türen
        der wind pfeift

der weg

zu uns selbst
ist nicht leicht zu finden
keine landkarte
zeigt ihn uns

und karten
die sie uns verkauften
sind alt und ungenau
es hat sich viel verändert:
verschlungene wege
sumpfiges gelände
kleine wüsten
ein unbestimmter horizont

von zeit zu zeit angekommen
packen wir den rucksack neu

und brechen wieder auf

alter

die leberfleckige haut
hält mich zusammen
unter meinen füßen
geht die erde eigene wege
als wäre sie nicht von mir getreten

meine seitensprünge sind zu leicht
um noch eindrücke zu hinterlassen
und die wilden hunde
haben sich zurückgezogen ins sternbild
mit stumpfen zähnen

einsilbiger werden meine geschichten
das letzte wort:
ein leeres blatt

Wege im Niemandsland

lautlose eroberung

gott

immer noch
gegenwärtig
oft gebrauchtes
sonntagswort

im alltag verborgen
in lebensgeschichten
von mensch zu mensch

ungesagt erobert es
verbarrikadierte herzen

niemandsort

am niemandsort
meine eigensinnigen versuche
dir näher zu kommen

kindergebete fallen mir
wie verwehte blätter
ins noch leere wort

es sind die ganz kurzen
die ohne absicht

einfach so

gottes weisung

      steht vor uns
      sie steht

sie umsteht uns
      steht in uns herein

auch wenn wir weghören
wenn wir unser herz wegtragen
als hätte es nie gehört

      sie steht

das ist ihr erbarmen
dass sie zu uns steht

Wer Gott sucht

dem wird alles
zur Suche:

> die Steine
> der Wind
> die Schatten
> die Tiere

Manche sagen
sie hätten IHN
schon gefunden

aber meist ist ER
dann eine Erfindung
ein leeres Versprechen

Es bleibt uns zu warten
bis wir den Ruf hören

> Mensch
> wo bist du?

verrückt nach gott

vorwärts und rückwärts gebetet
in felsen gehauen
in sand geschrieben
oft nur ein buchstabe
oder ein pfeil
drei noten
noch keine melodie
immer unvollendet. ein torso
geahnt und erinnert
nur umrisse sichtbar
doch auch die noch unklar
nie zu ende gedacht

würden wir IHN
verschweigen
vergessen

wir liefen ins leere

zwischenraum

niemandsland. gott. zwischenraum
in dem wir uns treffen ohne anzukommen
bildreich. in immer neuen wohnungen
manche nicht größer als ein

ach

*Nach einer alten jüdischen Überlieferung hat Israel
am Sinai nur einen Knacklaut gehört, alles andere ist
Interpretation.*

Gottformel

Nur zwei oder drei Formeln
      der Physik
müsse man wirklich verstehen
dann sei alles kein Geheimnis
      erklärte er mir

Wir saßen oberhalb des Meeres
das sich unter uns gegen das Land
      auflehnte

Ich antwortete
für das Gottgeheimnis
genüge nur ein Wort

DU

Gottesschicksal

Versteckt in einem Futtertrog
versteckt ein Leben lang
unter menschlicher Haut
unmenschlich geschlagen

erkennbar am geteilten Brot
im geteilten Leben

sein Wort für die Ärmsten
hat immer noch Gültigkeit

sein barmherziges FremdWort

Gottes Hände

sind nass wenn sie
über seine Welt
streichen

Sie zittern
wenn seine Fingerkuppen
ihren Scheitel berühren

Zeitweise

In der Vergangenheit
oft mit Gott belastet
rückt er mir näher heute
wenn die Rede
auf ihn kommt

Ich höre ihn zeitweise
in stummen Klageliedern
in lachenden Kinderliedern

geistliche übung I

diese schmerzende wunde
dieser lärm der dämonen:
du bist überflüssig. total

diese übung gegen den lärm:
schweigen im göttlichen

im DU

dieses eingebrannte siegel
diese stimme von anfang an:

geliebt

geistliche übung II

mit dem gottwort
eine weltkarte zeichnen
mit ländern im schatten
mit ländern im licht
mit nordpol und südpol
mit blühenden bäumen
und gletschern auch
sich auf die nachtseite
stellen und dort erkennen

auch das dunkel ist licht

wenn gott zu besuch kommt

meldet sie sich nicht
beim einwohnermeldeamt
füllt er keinen fragebogen aus
zeigt sie keinen ausweis
er bleibt anonym
damit wir vor ihm
nicht erschrecken oder
in die knie gehen
sondern bei der arbeit bleiben
der täglichen
uns nicht stören lassen
beim betten der kranken
dem füttern der gelähmten
dem umarmen der kinder

wenn gott zu besuch kommt
kniet sie vor uns nieder
in hilfloser gestalt

gott ist einen schweißausbruch wert
Ich lasse dich nicht los, wenn du mich nicht segnest.
(Gen 32,27)

gib zu
dass dir der schweiß ausbricht
wenn du von gott redest

zu glauben
du kämest ungeschoren davon
ist naiv
erinnere dich an jakob
den hinkenden betrüger

jenseits der flucht
hört jeder selbstbetrug auf

gott
ist einen schweißausbruch wert

tanzender gott

tanz der äste
tanz der blätter
im warmen wind
des sommers

tanzender gott
in meinem hirn
auf der suche
nach dem weg
zum herzen

gottesfreundschaft

unsere namen
seile einer brücke
über abgründe

hängebrücke

die zittert
wenn wir einander rufen
mit zerbrechlichem

atem

gottpsalm

ich hörte drei menschen von gott reden

wenn der erste nicht mehr weiter wusste
sprang der zweite ein und ergänzte den ersten
wenn der zweite seine worte beendete
schwieg der dritte mensch
denn das schweigen vor gott
war ihnen ebenso wichtig
wie das reden

ich hörte drei menschen von gott reden
und schweigen und singen
und ihre lieder waren schön
und voller sehnsucht
und voller fragen
denn gott war in ihnen

ich hörte drei menschen von gott reden
und jede hatte ein anderes instrument
und jeder einen anderen text
aber sie hörten aufeinander
und keiner wollte den anderen
überstimmen und keine behauptete
gott zu besitzen

und so teilten sie
schweigend
und spielend
ihre gottsuche

Gespräch über Gott

Glauben Sie an Gott,
fragte sie ihn.
Nein, sagte er,
ich glaube nicht an Gott.
Aber, fuhr er fort,
ich glaube Gott. –
Sie glauben Gott,
fragte sie erstaunt.
Ja, sagte er,
ich glaube Gott
seine Zusage.
Welche Zusage,
wollte sie wissen.
Der Zusage glaube ich,
die Gott machte,
als er nicht zornig war.

Er lächelte.

Und die wäre,
fragte sie weiter.
Der Zusage traue ich,
dass Gott
mein Leben will.
Auch dann,
wenn ich nicht will,

wandte sie zögernd ein.
Auch dann, sagte er fest.
Denn sein Vertrauen
zu mir ist, Gott sei Dank,
größer als mein Vertrauen
in mich.

Und Jesus?
Glauben Sie an Jesus,
wollte sie wissen.
Nein, auch an ihn
glaube ich nicht.
Aber ich glaube ihm
und seinem Glauben,
seiner Hoffnung und
seiner Liebe,
die im Laufe seines Lebens
immer größer wurden.
Ich glaube ihm seinen Gott,
der ihm immer
rätselhafter wurde.
Er hat nach ihm gerufen.

Er rief nach Gott,
von dem er sich im Tod
verlassen fühlte,
sagte sie trotzig.
Ja, auch diesen Gott

glaube ich ihm.
Er war ehrlich.
vor sich und der Welt,
die ihn gekreuzigt hat.
Er hat sich und uns
nichts vorgemacht.
Und er war Gott gegenüber
ehrlich. Sie haben sich beide
nichts erspart –
auch die Abgründe nicht.

Am Ende hat Jesus nach ihm
mit gewaltiger Stimme
über dem Abgrund gerufen:

Warum?

So können Sie glauben,
fragte sie zögernd.

Manchmal, antwortete er,
manchmal, wenn ich seine
Hand spüre.

Und wenn Sie keine Hand spüren,
beharrte sie müde …

In memoriam P. Daniel Rufeisen, dem Leiter der Jakobusgemeinden in Israel (geb. 1922 in Polen, gest. 1998 in Haifa)

Wege in der Nachfolge

sara und abraham

I
als sie aufhörten
ihre jahre zu zählen

den götzen zeit

brach das wort
über sie herein
das sandwort
das sternwort

das segenswort
gotteswort

II
gottes
unzweideutiges wort
seine traumstimme

sie hörten sie im schweigen
sie hörten gottes tiefen atem
gottes segen

sie hörten
auch für uns

Der wahre Jakob

I
Den betrogenen Bruder im Nacken
den Fluchsegen des Vaters als Hirtenstab

Nächtens schmiegt sich
sein Kopf in den Fels
der Stein lässt sich erweichen
zeigt ihm den offenen Himmel
die Engel lassen ihn
nicht mehr aus dem Auge

Ängstlich baut er dem Allseher einen Altar
verspricht dem ewigen Verfolger ein Haus
hofft auf seine bleibende Gegenwart

II
Er holt sich
was ihm die Natur nicht gegeben:
Erstgeburtsrecht und b'racha*

Jetzt fehlt ihm noch das Letzte:
der Segen des Einen

Der stellt sich ihm in den Weg
dunkel
schlägt ihn hüftwärts

salbt ihn mit Namen
segnet
vollendet den Betrug

Seitdem Esaus ewige Frage:
Was gilt?

hebräisch: Segen

Engel

Was sie sind:

Tauwetter
auf unsere Vereisungen

Feuereinfälle
in unsere Erfrierungen

grenzenloses Erstaunen
über SEINE
Geduld

mit uns

Mirjam

Tanz der Hände
über die gespannte Haut der Sklaven-Trommel
Tanz der Sandkörner unter stampfenden Füßen

Noch sucht sie Töne Melodien
noch kennt sie nicht das Ende vom Lied
das sie gerade erst begonnen

Nur eines ist sicher
Hoch erhaben ist der Herr
Rosse und Wagen
warf er ins Meer
(Ex 15,21)

Mose

I
Seine Füße im Sand
heiß ist der Sand
dämonisch heiß
der Hirte geht zu weit

Schritt für Schritt
veraschen Erinnerungen
an Tempel und Totenkammern
an Pharaonen und an den Duft der Frauen
hinter durchsichtigen Schleiern

Entflammte Dornbüsche
erzählen ihm andere Geschichten
Wort für Wort hört er einen Namen
der im Land des Sonnengottes
nicht einmal der Rede wert ist

II
Nach seinen Treffen mit dem
Heruntergekommenen
die Spuren hinterließen
und auf seiner Haut brannten
war seine Stimme kräftiger
aber auch leiser

Manche Worte sagte er
nach langem Schweigen
oder er wiederholte sie
Worte wie Messer
die tief ins Fleisch drangen
        und andere
        die den Beginn
        einer neuen Welt schufen

stammbaum

wenn wir lange genug zurückgehen
in unserem stammbaum
dann enden wir irgendwann
bei einem gutsherrn
der mit seiner magd im heu ...
oder einer queen
die mit ihrem kammerdiener
im gartenhaus ...

weiter hinten oder nahe bei
landen wir alle in einem
schweißtreibenden geheimnis
das wir nicht wissen wollen
und schon gar nicht ausplaudern

da lob ich matthäus den evangelisten
gesprächig beginnt er
mit einem gar nicht koscheren stammbaum
in dem alle vorkommen:

gerechte und sünder
meist in einer person

und am ende
der sohn der jungfrau
ein auch nicht ganz klarer fall

aber alle kinder des
EINEN

josef

Der Apfel fällt nicht weit vom Stamm.
(Volksmund)

I
nicht stimmte er ein
in die flüche der frommen
an der steinigung der sünder
beteiligte er sich nicht

II
wie konnte der sohn lehren
ohne sich zu erinnern
wie der vater die thora gelebt
und ihn angenommen
barmherzig und ohne vorbehalt
obschon er fremder sohn war

III
ER trat in die schuhe des vaters
der ihn das bauen gelehrt
und hielt barmherzigkeit
für die größere gerechtheit

maria

wenn sie an mirjam vom schilfmeer dachte
richtete sie sich auf und fand widerworte
widerworte gegen unterdrückung und tod

wenn sie ihr vorbild vor augen hatte
sprang ihr herz höher
fielen ihr freche lieder ein
mächtige stürzt er vom thron
und erhöht die niedrigen
(lk 1,52)

wenn sie an die frau ihres volkes dachte
griff sie zur trommel
stampfte mit den füßen
und tanzte mit frauen
den volksbefreiungstanz

wenn sie sich an die prophetin erinnerte
warf sie sich ihrem gott in die arme
und wurde hörende
magd und mutter des messias

Unsterblich geliebt

Immer schon auf der Suche nach dem Vater
bis der Himmel aufreißt
und sich der Geist
durch den Riss zwängt
vogelklein

Auf den Zimmermann lässt er sich nieder
treibt ihn ins Wort
ins öffnende
liebevolle

Der sucht Gemeinschaft mit allen
die mühselig und beladen sind
(Mt 11,28)

levi

der tag begann
wie jeder andere
er öffnete die zollstation
er schob den tisch nach vorne
er zählte das wechselgeld
er bat die leute zur kasse
er schaute ihnen nicht
in die augen

hintereinander traten sie vor
auch der eine. der fremde:
deine hände, sagte der
können mehr als geld zählen

beim abendmahl brachen
sie brot. schenkten wein ein
zerrissen alte rechnungen

beim mahl trafen sich ihre augen

letztes abendmahl

alle an einem tisch
auch der freund der ihn überliefert
auch der jünger der ihn verleugnet
auch die ängstlichen und unentschiedenen
auch die ...

alle

noch einmal das mahl
noch einmal ausgeliefert
ihrem unverständnis
ihren machtphantasien
ihrer erwartung auf erste plätze

in dieser nacht fühlt er sich verlassen
von allen

auch vom vater

nur einige frauen
sind ihm nahe

von ferne zuschauend

Im Todesschrei

Im Todesschrei
des Gekreuzigten
nachmittags um drei
an einem Freitag
bei Gewitterstimmung
und zitterndem Boden
stöhnt die ganze Menschheit

Warum

Bis heute hebt dieser Schrei
jede Antwort aus den Angeln
und zerreißt alle allmächtigen

Gottbilder

Frauen auf dem Weg zum Grab

Um ihre gekreuzigte Hoffnung zu salben
damit der Fall nicht zum Himmel stinkt ...

Arm in Arm schleichen sie zum Gartenstein
hinter dem sie den Tod fürchten
aber der offene Fels
treibt ihre Trauer ins Leben

Im Schatten der Zweifel
bleibt eine offene Wunde
die sich nicht mehr schließt

Sprachlos hören sie im Morgennebel
der langsam weicht

Was sucht ihr
den Lebenden
bei den Toten
(Lk 24,5)

ostern I

die schutzhaut angst
im grab gelassen
die lichthaut leben eingeatmet

nackt ins draußen geworfen
ein schrecken für leichengräber

für den tod eine neue situation
der er nicht gewachsen ist

ostern II

tod wird weiterherrschen
massenweise. vielerorts
das ist sicher

aber noch im müdesten aufstehen
treten wir zu ihm
in unsterblichen widerstand
in gottes namen

das ist ganz sicher

ostern III

einmal werden
die steine leicht
auf unseren gräbern
liegen

und leicht
werden wir uns erheben
aus dem staub und
über schwellen gehen
mit flügelschritt

ein wind wird uns
forttragen in den kreis
der wartenden und
brot und wein gehen
von mund zu mund

Die Toten

sind uns
ein Zuhause
voraus

während wir
unsere Jahre
sammeln
wie Holzscheite
im Herbst

leben sie schon
im Feuer
unsterblicher

Liebe

täglich aufstehen

Untergegangen
sind wir
mit den Göttern
(Rose Ausländer)

verblendet
die götter auf zeit
ihr programm ermüdend
ihre identität schwach
ihr untergang
früher oder später

nicht schläfrig werden

täglich die götzen
in uns sterben lassen
und aufstehen
sehende werden
hörende

täglich auferstehung
ins offene. ins freie

paulus

I
den frühen skandal gestand er ein:
seine todesurteile über anders denkende
es fiel ihm nicht leicht darüber zu sprechen

II
vorher sah er alles klar und ohne zweifel

erst als er blind und auf führung angewiesen
wurde er sehend

III
den gekreuzigten verteidigte er
als gotterweckten

in ihm
        nicht im kaiser
sah er den retter der welt
den bruder der menschen

kniefälle vor tyrannen
waren ihm götzendienst

IV
der einen neuen menschen
aus ihm hämmerte
rief ihn auf einen weg
ohne tempel

auf einen weg
auf dem auch
die dunkelheit
zeltet

Die Heiligen

Astronomisch weit

haben wir sie von uns entfernt:
in den Himmel oder auf Fahnentücher
Manche müssen eine Ewigkeit
auf Podesten und Altären stehen –
Lohn für ein mehr oder weniger
moralisches Leben

Wenn wir Schlüssel verloren haben
versprechen wir ihnen Kerzen
oder eine größere Geldsumme
und sind enttäuscht
wenn sie nicht sofort reagieren
Wir behandeln sie wie Hausklaven
zur Erleichterung unseres Lebens
(Schließlich können sie Wunder tun
wenn sie wollen. Das haben sie
häufig bewiesen)

Sie tragen Nachsicht mit uns
weil unsere Wünsche auch ihre waren
Die menschlichsten unter ihnen
empfehlen kurze Gebete, warme Bäder

und tiefen Schlaf. Sie verstehen
unser Gestammel und schicken
ein paar Sonnen:

Die beste Medizin gegen Schwermut

Wege in der Kirche

Gottes Häuser

Stolze Gemächte
aus Credo und Stein
aufgeschichtet und verteidigt
von Gottschwärmern

Aber auch göttliches Exil dem
der keine Ruhe findet
im irdischen Zuhause

Am Eingang eines Klosters

Wir garantieren dir
ein Bett
einen Stuhl
einen Tisch

Wir schließen nicht aus
dass Gott dein Zimmernachbar wird

stephansdom

vor dem eingang
bunte mozartjünger
sie laden zum konzert
ein wenig haydn
ein wenig strauss ...
sie verdienen damit
ihr studium

innen ein wenig himmel
ein wenig maria
sie verdienen damit
den erhalt des domes

restauriert
der wehrhafte turm
zeigefinger in richtung

himmel

Unter St. Peter

Oben jedenfalls Macht
erstarrte Bewegung
Alles ist Marmor
ist männlich
Kaltes Kinderzimmer
der Kirche
mit der Frage auf den Fliesen
        Wer ist der Größte

Unten
im dunklen Grund
Nischen. Reste
einer roten Mauer
das Kästchen aus Plexiglas
durchleuchtete Knochen

Alles ist Frage
ist Indiz
enger Durchgang
und keine Sicherheit

Hier liegen die Fundamente

fußwaschung

SEIN tun zwingt
den blick der seinen
nach unten

über ihre füße gebeugt
ihre staubigen sohlen
hofft er immer noch
ihre hohen träume
in sein knien
zu verwandeln

Das ist ein Sonntag

Alles Tote ausatmen
alles Dunkle

Auf Lieder hören
die Mut machen

Der Sonne einen
Empfang bereiten
der sich gewaschen hat

Dem Lärm der Dämonen
kein Gehör schenken

Die Musik des Kosmos
in allen Gliedern spüren

Sich sehen mit Gottes Augen
ohne Angst vor seinem Urteil

Wissen:

Ich komme
bei IHM gut an

Über die Kirche ein Gedicht zu schreiben

ist nicht einfach in diesen Zeiten
weil sie sich ständig verändert und verändert ...
Aber das haben wir ja gewollt – eine sich
ständig wandelnde Kirche. ein wanderndes Volk
in Gemeinschaft mit anderen Gottsuchern
das sich bewegen lässt und in Zelten lebt
statt in unbeweglichen Gehäusen
und menschenfernen Tempeln
die bald keiner mehr bezahlen kann

Aber es gehen immer mehr Menschen
ihren eigenen Weg und so brauchen wir
bald auch keine Zelte mehr
Manche kommen und wollen wieder
eine Kirche die das Gestern heiligspricht
und zurückkehrt in die alten Riten
und Vorschriften
Aber darauf kann ich mir keinen Reim machen
und lassen sich keine Hymnen singen
wie es die gläubige Dichterin* noch konnte

Eher denke ich an den großen Theologen
der von einer *Winterzeit*** sprach
Und die erleben wir jetzt

Ich friere wenn ich an meine Kirche
und ihre Aufseher denke
Traurig blicke ich denen nach
die gehen oder schon gegangen sind

Doch ich bleibe weil ich Freunde habe
die mit mir die Träume nicht vergessen
die uns verändert haben
in der Kirche

* *Gertrud von Le Fort (1876–1971)*
** *Karl Rahner (1904–1984)*

feuersprache

Ich bin gekommen, um Feuer auf die Erde zu werfen.
Wie froh wäre ich, es würde schon brennen!
(Lk 12,49)

auch die sprache hat
ihre jahreszeiten

manchmal spürst du
ihre schneidende kälte
die dich frieren lässt

erinnere dich dann
an SEINE feuerworte

schaff' mit IHM
eine sprache
die flammen schlägt

das buch der bücher

buch von gestern. von heute
gesammeltes leben von vielen
prophetinnen. hirten. fischern
königen. kindern. unfruchtbaren. alten
geschändeten. sklaven. lehrern. listigen
betrogenen. murrenden. verschleppten
revoltierenden. namenlosen. dichterinnen …

spiegelgeschichten für heute. gegenwärtig
aufgeschrieben jede menschliche regung
nichts verschwiegen, ob genehm oder nicht
alle worte gebraucht, die brauchbar
alle bilder. eigene und weit hergeholte
abgründe ausgeleuchtet. dem geheimnis
auf den leib gerückt. erspart gott nichts
keine frage. keine klage. lobt. segnet. flucht
gibt gott viele namen. einige sind vergessen
unvergessen sein name *ich-bin-da*
der setzt sich durch. bleibt. bündnistreu
geht mit in alle krisen. anrufbereit
auch im exil. auch in gefangenschaft
überwindet sie. steht zu seinem volk

sein wort gilt. schafft raum. fällt ein
findet sich nicht ab mit dem augenschein
bohrt weiter. tiefer. respektlos. prophetisch
mit scharfem blick für neue möglichkeiten
alter spielt keine rolle. jugend nicht
alles und alle zugelassen: engel. gottes
blitzschnelle einfälle. überraschend jung
teufelsauftritte nur selten. mehr zur probe

liebt paradoxes. streckenweise weltfremd
dann wieder ganz realistisch.
lässt keine ruhe: es könnte ja sein …
friede zum beispiel. oder versöhnung
glaubt, dass es zum leben keine alternative
gibt. hält den tod für eine wichtige erfahrung
die keinem nützt. dem menschen nicht
auch gott nicht. soll der staub ihn preisen?
also keine lösung. nur teil des problems
traut dem menschen viel zu: auferstehung
auf jeden fall. traut gott unendlich viel zu
unendlich mehr. ewiges leben. in fülle
in gemeinschaft mit seiner schöpfung
dieser zerbrechlichsten kunst im entstehen
noch unvollendet. aber schon wunderbar
rätselhaft. und manchmal erschreckend

erinnert an vergessene. an verlierer
an die ganz unten. bäumt sich auf gegen
ungerechtigkeit. lässt kinder hochleben
hat keine angst vor hohen tieren. vor stolzen
vor hochmütigen. droht ihnen mit strafen
mit fall. mit sturz. nennt sünder beim namen
redet sich in begeisterung bei liebenden
spricht sie heilig. sympathisiert mit narren
glaubt an vergebung. an neubeginn. will
dass ihr wort gehört wird. unten und oben
messerscharf und tröstlich. voll poesie
sucht einen festen platz im leben. einen
besonderen. will am morgen erste nachricht
sein vor allen anderen. vor hiobsbotschaften
katastrophen. am abend letztes wort. versöhnlich
und wahr nach allen lügen des tages. allem krieg
allen verbrechen. allem zorn. allen widerworten
sucht zugänge ins gehör. ins beten. ins herz
in deins. heute

da du SEINE stimme hörst

Einige der hier abgedruckten Gedichte wurden bereits in verschiedenen Zeitschriften und Büchern veröffentlicht.

Die Zitate aus der Heiligen Schrift sind entnommen aus: „Die Bibel. Einheitsübersetzung der Heiligen Schrift", Katholische Bibelanstalt, Stuttgart 1980.

Mitglied der Verlagsgruppe „engagement"

Bibliografische Information der Deutschen Nationalbibliothek
Die Deutsche Nationalbibliothek verzeichnet diese Publikation in der Deutschen Nationalbibliografie; detaillierte bibliografische Daten sind im Internet über http://dnb.d-nb.de abrufbar.

2. Auflage 2015
© Verlagsanstalt Tyrolia, Innsbruck
Umschlaggestaltung: stadthaus 38, Innsbruck
Layout und digitale Gestaltung: Tyrolia-Verlag
Druck und Bindung: Alcione, Lavis (I)
ISBN 978-3-7022-3433
E-Mail: buchverlag@tyrolia.at
Internet: www.tyrolia-verlag.at